MADAGASCAR ET DÉPENDANCES

Direction des Travaux Publics

CODE DE LA ROUTE

TANANARIVE
IMPRIMERIE OFFICIELLE
1926

MADAGASCAR ET DÉPENDANCES

Direction des Travaux Publics

CODE DE LA ROUTE

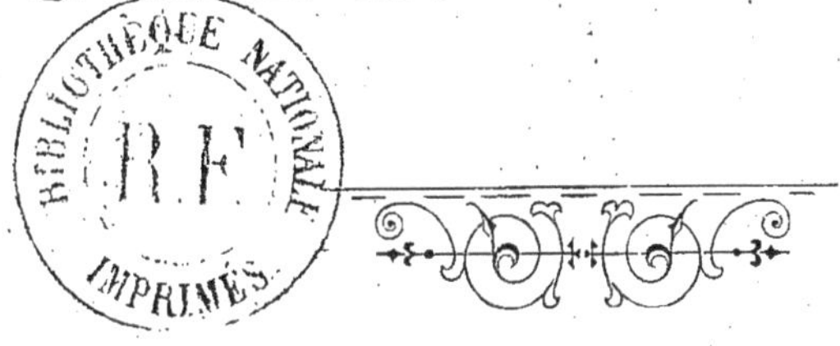

TANANARIVE
IMPRIMERIE OFFICIELLE
1926

ARRÊTÉ

portant règlement général sur la police de la circulation et du roulage (Code de la route)

Le Gouverneur Général p. i. de Madagascar et Dépendances, officier de la Légion d'honneur,

Vu les décrets des 11 décembre 1895 et 30 juillet 1897 ;

Vu l'arrêté du 5 février 1901, réglementant la police de roulage et des messageries publiques à Madagascar et ceux des 22 octobre 1920 et 3 septembre 1923, le modifiant et le complétant ;

Vu l'arrêté en date du 12 septembre 1916, et ceux subséquents portant classement des routes d'intérêt général dans la Colonie :

Vu les arrêtés déclarant livrés à la circulation des voitures les routes et ouvrages d'art, en date des 5 février 1901, 12 mars 1904 23 octobre 1909, 1er février 1912 (modifié par arrêté du 21 novembre 1914), 26 avril 1912, 21 novembre 1914, 14 décembre 1917, 11 février 1918, 26 juin 1918, 4 décembre 1918, 10 août 1920, 11 octobre 1920 et 27 août 1921 ;

Vu le décret du 20 mars 1910, rendant applicable à Madagascar la loi du 17 juillet 1908, établissant en cas d'accident la responsabilité des conducteurs de véhicules de tout ordre :

Vu l'arrêté du 7 août 1925, réglementant la circulation des troupeaux de bœufs et autres animaux ;

Vu l'arrêté du 27 novembre 1925, limitant à 6 kilomètres à l'heure la vitesse maxima des véhicules automobiles sur les ponts des routes du Sud, de Mananjary et de Vohiparara à Ambohimahasoa ;

Vu les conventions internationales sur la circulation routière et automobile du 24 avril 1926 ;

Vu l'avis du directeur des finances et de la comptabilité ;

Sur la proposition du directeur des travaux publics :

Le conseil d'administration entendu,

Arrête :

ART. 1er. — L'usage des voies ouvertes à la circulation publique est régi par les dispositions du présent règlement.

CHAPITRE Ier

Dispositions applicables à tous les véhicules, aux bêtes de trait, de charge et aux animaux montés.

Pression sur le sol, forme et nature des bandages

ART. 2. — La pression exercée sur le sol par un véhicule ne doit, à aucun moment, pouvoir excéder 150 kilogrammes par centimètre de largeur du bandage ; cette largeur est mesurée, au contact avec un sol dur, sur un bandage neuf en état de fonctionnement normal. En outre, pour les véhicules à traction animale, servant au transport des marchandises, la largeur des bandages métalliques ne pourra être inférieure à 8 centimètres.

Les bandages métalliques ne doivent présenter aucune saillie sur leurs surfaces prenant contact avec le sol. Cette disposition n'est pas applicable, pour les trajets entre les bâtiments d'exploitation et les champs, aux machines agricoles à traction animale et aux véhicules automobiles servant à l'agriculture. Toutefois, les roues ou tables de roulement de ces instruments et véhicules doivent être aménagées de manière à ne pas occasionner des dégradations anormales à la voie publique.

Les roues des véhicules automobiles servant au transport des personnes et des marchandises, ainsi que les roues de leurs remorques doivent toutes être munies de bandages en caoutchouc ou de tous autres systèmes équivalents, au point de vue de l'élasticité.

Les clous et rivets fixés sur les bandages en caoutchouc, en vue d'éviter le dérapage, doivent s'appuyer sur le sol par une surface circulaire et plate d'au moins 10 milimètres de diamètre, ne présentant aucune arête vive et ne faisant pas saillie sur la surface de roulement de plus de 4 milimètres.

Gabarit des véhicules

ART. 3. — Dans une section transversale, la largeur d'un véhicule, toutes saillies comprises, ne doit nulle part être supérieure à 2 mètres 50 centimètres. L'extrémité de la fusée ne doit pas faire saillie sur le reste du contour extérieur du véhicule.

Les machines agricoles seules peuvent faire exception à cette dernière règle.

Les chaînes et autres accessoires, mobiles ou flottants, doivent être fixés au véhicule de manière à ne pas sortir, dans leurs oscillations, du contour extérieur du véhicule et à ne pas traîner sur le sol.

Eclairage

ART. 4. — Aucun véhicule marchant isolément ne peut circuler, pendant la nuit dès la tombée du jour, sans être signalé vers l'avant par au moins un feu blanc.

L'un des feux blancs, ou le feu blanc, s'il est unique, est placé sur le côté gauche du véhicule.

Les convois et trains sur route, les véhicules automobiles, sont signalés conformément aux articles 19 et 27 du présent règlement.

Plaques

Art. 5. — Indépendamment des plaques d'immatriculation spécifiées ci-dessous et de celles spéciales aux automobiles, définies à l'article 22 ci-après, tout propriétaire est tenu de faire apposer, d'une manière très apparente, sur tous les véhicules lui appartenant, une plaque métallique portant, en caractères lisibles, ses nom, prénoms et domicile.

Tout véhicule à traction animale servant aux transports de marchandises doit porter, en outre, une plaque indiquant d'une façon apparente le numéro d'immatriculation du véhicule, l'indication de la circonscription administrative où a eu lieu cette immatriculation et la charge maxima fixée au moment de l'immatriculation.

L'immatriculation des véhicules aura lieu au chef-lieu de chacune des circonscriptions administratives par les soins des chefs de circonscription, après avis favorable de la commission prévue à l'article 15 ci-après.

Largeur du chargement

Art. 6. — La largeur du chargement des véhicules ne peut excéder 2 mètres 50. Toutefois, les chefs de circonscription administrative peuvent délivrer des permis de circulation pour les objets d'un grand volume qui ne seraient pas susceptibles d'être chargés dans ces conditions ; ces permissions seront soumises aux règles fixées par l'article 13 ci-après

Aucun siège, fixe ou mobile, placé sur le côté d'un véhicule, ne doit faire saillie sur la largeur du véhicule ou de son chargement, ni être disposé de telle sorte que le conducteur, assis sur ce siège, ait tout ou partie du corps en saillie sur la largeur du véhicule ou de son chargement.

Conduite des véhicules et des animaux

Art. 7. — Tout véhicule doit avoir un conducteur. Cette règle ne souffre d'exception que dans le cas de remorque prévu par l'article 27 du présent règlement.

Tout indigène conducteur d'une voiture attelée doit être âgé d'au moins seize ans et être muni du livret d'identité prévu par l'arrêté du 17 septembre 1920, sur lequel doit être obligatoirement collée sa photographie, dans les conditions prévues par le dit arrêté.

Les bêtes de trait, de charge ou de selle et les bestiaux doivent être accompagnés.

Il est interdit d'atteler des bœufs mal dressés aux véhicules appelés à circuler sur les routes de la Colonie, et d'attacher, aux côtés ou à l'arrière, des animaux autres que ceux exclusivement affectés à sa traction.

Les conducteurs doivent être constamment en état et en position de diriger leur véhicule ou de guider leurs attelages, bêtes de trait, de selle ou de charge.

Ils sont tenus d'avertir de leur approche les autres conducteurs et les piétons qui se trouvent sur leur passage, et de prendre, s'il y a lieu, toutes précautions utiles.

La conduite des troupeaux est spécialement réglementée par l'article 37 ci-après.

Vitesse

Art. 8. — Les conducteurs de véhicules quelconques, de bêtes de trait, de charge ou de selle, ou d'animaux, doivent toujours marcher à une allure modérée dans la traversée des agglomérations, et toutes les fois que le chemin n'est pas parfaitement libre ou que la visibilité n'est pas assurée dans de bonnes conditions.

Croisement et dépassement

Art. 9. — Les conducteurs de véhicules quelconques, de bêtes de trait, de charge ou de selle, ou d'animaux, doivent prendre leur droite pour croiser ou se laisser dépasser ; ils doivent prendre leur gauche pour dépasser.

Les sens de dépassements et de croisements sont, toutefois, réservés à l'égard des chemins de fer et tramways sur route.

Les conducteurs doivent se ranger à droite, à l'approche de tout véhicule ou animal accompagné. Lorsqu'ils sont croisés ou dépassés, ils doivent laisser libre à gauche le plus large espace possible, et au moins la moitié de la chaussée quand il s'agit d'un autre véhicule ou d'un troupeau.

Lorsqu'ils veulent effectuer un dépassement ils doivent, avant de prendre la gauche, s'assurer qu'ils peuvent le faire sans heurter un obstacle ni risquer une collision avec un véhicule, un piéton ou un animal venant en sens inverse.

Il est interdit d'effectuer un dépassement quand la visibilité en avant n'est pas suffisante.

Lorsque deux véhicules, se suivant dans le même sens, sont sur le point d'en croiser un autre venant en sens contraire, le second de ces véhicules n'a le droit de dépasser le premier qu'après le croisement du véhicule venant en sens contraire.

Après un dépassement, un conducteur ne doit ramener son véhicule sur la droite qu'après s'être assuré qu'il peut le faire sans inconvénient pour le véhicule, le piéton ou l'animal dépassé.

Bifurcations et croisées de chemins
Passage sur les ponts

Art. 10. — Tout conducteur de véhicule ou d'animaux abordant une bifurcation, une croisée de chemins ou un pont, doit annoncer son approche ou vérifier que la voie est libre, marcher à l'allure modérée et serrer sur sa droite, surtout aux endroits où la visibilité est imparfaite.

Sous réserve de l'observation des prescriptions spéciales concernant la circulation dans les agglomérations qui peuvent être édictées par l'autorité administrative, le conducteur est tenu, aux birfurcations et croisées de chemins, de céder le passage à tout conducteur qui vient de la droite.

Sur les ponts à une seule voie, la priorité est accordée, en tous cas, aux automobiles sur les véhicules à traction animale ou à bras, entre deux véhicules de même mode de traction, à ceux qui assurent un *service public* sur les véhicules particuliers, aux véhicules légers sur les poids lourds, et lorsque deux véhicules de même catégorie se rencontrent, à ceux qui montent une rampe sur ceux qui descendent une pente.

Stationnement des véhicules

Art. 11. — Il est interdit de laisser sans nécessité un véhicule stationner sur la voie publique.

Les conducteurs ne peuvent abandonner leur véhicule avant d'avoir pris les précautions nécessaires pour éviter tout accident.

Tout véhicule en stationnement sera placé de manière à gêner le moins possible la circulation et à ne pas entraver l'accès des propriétés

Dans les villes, des prescriptions spéciales pourront être édictées et des lieux de stationnement imposés par l'autorité locale.

Lorsqu'un véhicule est immobilisé par suite d'accident ou que tout ou partie d'un chargement tombe sur la voie publique, sans pouvoir être immédiatement relevé, le conducteur doit prendre les mesures nécessaires pour garantir la sécurité de la circulation, et, notamment pour assurer, dès la chute du jour, l'éclairage de l'obstacle.

Convois

Art. 12. — Des véhicules groupés en vue d'un trajet à faire de conserve forment un convoi.

Chaque véhicule du convoi doit avoir un conducteur.

Un convoi doit être fractionné en tronçons mesurant chacun 50 mètres de longueur au plus, attelages compris, pour les convois de véhicules à traction animale, ou remorques comprises, pour les convois de véhicules automobiles. L'intervalle entre deux tronçons consécutifs d'un convoi doit être d'au moins 50 mètres, mais, au passage des ponts suspendus, les véhicules de chaque tronçon doivent toujours laisser entre eux un espace de 15 mètres.

Les dispositions du présent article ne sont pas applicables aux convois militaires.

Transports exceptionnels

Art. 13. — Lorsqu'il y a lieu de transporter des objets indivisibles, de dimensions et de poids considérables dépassant les limites de charge fixées par l'article 2 du présent règlement, ou par les arrêtés ayant ouvert les routes à la circulation, ou ayant une largeur de chargement supérieure à celle qui est fixée par l'article 6 ou, enfin, susceptibles de compromettre le passage des autres véhicules sur une route ou un chemin, les conditions de leur transport sont fixées par le chef de la circonscription administrative, après avis du chef de l'arrondissement des travaux publics, lorsque le parcours est compris dans l'étendue d'une seule circonscription ; par le Gouverneur Général après avis des chefs de circonscription administrative et du directeur des travaux publics dans le cas contraire.

Les autorisations accordées en vertu des dispositions qui précèdent seront conformes au modèle-type d'autorisation annexé au présent règlement (annexe n° 3), et mentionneront l'itinéraire à suivre et les mesures à prendre pour assurer la facilité et la sécurité de la circulation publique, et pour empêcher tout dommage aux routes et aux chemins, aux ouvrages d'art et aux plantations.

Les travaux confortatifs seront toujours exécutés aux frais du transporteur.

Passage des ponts

Art. 14. — Le maximum de la charge autorisée et les mesures prescrites par l'administration pour la protection et le passage des ponts n'offrant pas toutes les garanties suffisantes pour la sécurité de la circulation sont, dans tous les cas, placardés à leur entrée et à leur sortie, de manière à être parfaitement visibles des conducteurs.

Dans les circonstances urgentes, les chefs de circonscription administrative peuvent prendre toutes dispositions qui seront jugées nécessaires pour assurer cette sécurité.

CHAPITRE II

Dispositions spéciales aux véhicules à traction animale servant au transport des marchandises

---

Visite des véhicules

Art. 15. — Aucun véhicule à traction animale servant au transport des marchandises ne peut être mis en circulation sans une autorisation délivrée par le chef de circonscription administrative, après avis favorable de la commission d'examen visée ci-dessous.

Cette autorisation est extraite d'un registre à souches du modèle annexé au présent arrêté (annexe n° 2)

Cette autorisation n'est valable que pour un délai de deux ans, à l'expiration duquel le véhicule devra être soumis à nouveau à l'examen de la commission visée ci dessous pour continuer à être autorisé à circuler.

La commission d'examen, nommée par le chef de la circonscription administrative, se compose de deux membres dont un agent des travaux publics désigné par le chef de l'arrondissement ; elle a pour mission de s'assurer si les véhicules satisfont aux conditions du présent règlement et s'ils sont en état de circuler sans risquer d'occasionner des accidents ; elle indique au propriétaire les modifications qu'il devra apporter à son véhicule pour qu'il soit autorisé à circuler.

Les séances de la commission de visite ont lieu, en principe, à date fixe, quatre fois par an et au chef-lieu de la circonscription administrative ou dans les centres importants.

Les dates et lieux des séances sont désignés par le chef de la circonscription administrative.

Les frais de visite sont à la charge du propriétaire du véhicule et perçus au profit du budget local. Ils sont fixés à 10 francs et sont acquittés avant la visite par le propriétaire du véhicule, sur ordre de recette établi par le chef de circonscription administrative.

Pour les véhicules dont l'autorisation expire entre deux séances, cette autorisation est prorogée jusqu'à la date de la première séance qui suit l'expiration de l'autorisation.

Les véhicules actuellement en service devront être obligatoirement présentés à l'examen de la commission susvisée à la première réunion et, en tous cas, au plus tard, à la deuxième séance de la dite commission.

Les véhicules nouveaux pourront être mis en circulation entre deux séances de la commission, après visite sommaire et gratuite effectuée par un agent des travaux publics, sur autorisation spéciale accordée par le chef de circonscription administrative. Toutefois, ces véhicules devront être obligatoirement présentés à la première séance qui suit leur mise en circulation provisoire.

Nonobstant les dispositions qui précèdent, l'autorisation de circuler peut être retirée à toute époque par le chef de circonscription administrative, si le véhicule cesse de remplir les conditions fixées par le présent règlement et constitue un danger pour la circulation publique.

Tout véhicule attelé doit être muni d'un frein d'une puissance proportionnée à la charge qu'il est appelé à recevoir. En aucun cas, les organes de ce frein ne doivent faire saillie sur les extrémités des moyeux des roues.

Lorsque des véhicules à traction animale marchent en convoi dans les conditions de l'article 12 du présent règlement, une voiture sur deux, dont la voiture de tête, doit être pourvue du dispositif d'éclairage prévu à l'article 4.

CHAPITRE III

Dispositions spéciales aux véhicules automobiles

Dispositions générales

Art. 16. — Sont réputés automobiles au sens des prescriptions du présent règlement, tous véhicules pourvus d'un dispositif de propulsion mécanique circulant sur la voie publique sans être liés à une voie ferrée et servant au transport des personnes ou des marchandises.

Les organes d'un véhicule automobile doivent être d'un fonctionnement sûr et disposés de façon à écarter, dans la mesure du possible, tout danger d'incendie ou d'explosion, à ne constituer aucune sorte de danger pour la circulation et à n'effrayer ni sérieusement incommoder par le bruit, la fumée ni l'odeur.

L'automobile doit être muni d'un dispositif d'échappement silencieux.

L'emploi de l'échappement libre est interdit.

Organes mécaniques

Art. 17. — L'automobile doit être pourvu des dispositifs suivants :

a) Un robuste appareil de direction qui permette d'effectuer facilement et sûrement les virages ;

b) Soit deux systèmes de freinage indépendants l'un de l'autre, soit un système actionné par deux commandes indépendantes l'une de l'autre et dont l'une des parties peut agir, même si l'autre vient à être en défaut ; en tous cas, l'un et l'autre systèmes suffisamment efficaces et à action rapide.

Sauf exceptions justifiées, l'un des systèmes de freinage doit agir directement sur les roues ou des couronnes immédiatement solidaires de celles-ci, et en particulier sur les roues arrière dans le cas d'un véhicule à avant-train moteur ;

c) Lorsque le poids de l'automobile à vide excède 350 kilogrammes, un dispositif tel que l'on puisse, du siège du conducteur, lui imprimer un mouvement de recul au moyen du moteur ;

d) Lorsque le poids total de l'automobile formé du poids à vide et de la charge maxima déclarée admissible lors de la réception excède 3.500 kilogrammes, un dispositif spécial qui puisse empêcher en toutes circonstances la dérive en arrière, ainsi qu'un miroir rétroviseur disposé de telle manière que le conducteur puisse apercevoir de sa place tout autre véhicule susceptible de le dépasser.

Les délais d'application des prescriptions du présent paragraphe *d*) aux véhicules en service lors de la promulgation du présent règlement, sont fixés par l'article 41 ci-après.

Le conducteur doit pouvoir actionner de son siège les organes de manœuvre et consulter les appareils indicateurs sans cesser de surveiller la route.

Le véhicule doit être disposé de manière que la vue du conducteur soit bien dégagée vers l'avant.

L'appareil d'où procède la source d'énergie est soumis aux dispositions des règlements sur les appareils de même genre en vigueur ou à intervenir.

Organes de freinage particuliers aux véhicules suivis de remorques

Art. 18. — Les remorques uniques sont exemptes de l'obligation des freins.

Dans le cas de train routier, chaque véhicule doit être muni d'un système de freinage suffisamment puissant pour arrêter et immobiliser le véhicule sur les plus fortes déclivités et susceptible d'être actionné, soit par le conducteur à son poste sur l'automobile, soit par un conducteur spécial.

Eclairage

Art. 19 — Tout véhicule automobile circulant isolément doit, pendant la nuit et dès la tombée du jour, être muni à l'avant d'au moins deux feux blancs placés l'un à droite, l'autre à gauche, et à l'arrière d'un feu rouge.

Toutefois, pour les motocycles à deux roues, non accompagnés d'un side-car, le nombre de feux à l'avant peut être réduit à un et le feu rouge remplacé par une surface rouge réfléchissante.

Tout automobile doit également être pourvu d'un ou plusieurs dispositifs permettant d'éclairer efficacement la route à l'avant sur une distance suffisante, à moins que les feux blancs ci-dessus prescrits ne remplissent pas cette condition.

Si le véhicule est susceptible de marcher à une vitesse supérieure à 30 kilomètres à l'heure, ladite distance ne doit pas être inférieure à 100 mètres.

Les appareils d'éclairage susceptibles de produire un éblouissement doivent être établis de manière à permettre la suppression de l'éblouissement à la rencontre des autres usagers de la route ou dans toute circonstance où cette suppression serait utile. La suppression de l'éblouissement doit, toutefois, laisser subsister une puissance lumineuse suffisante pour éclairer efficacement la chaussée jusqu'à une distance d'au moins 25 mètres.

La vitesse du véhicule doit être ralentie dans toutes les circonstances où le conducteur passe de l'éclairage plein à l'éclairage réduit.

Tout véhicule dont les dispositifs spéciaux d'éclairage ne répondraient pas ou cesseraient de répondre aux conditions fixées, devra, pour circuler de nuit sous le couvert des feux de signalisation, réduire sa vitesse à 15 kilomètres à l'heure au maximum.

Le délai d'application des prescriptions du présent article aux véhicules en service lors de la promulgation du présent règlement est fixé par l'article 41 ci-après.

Signaux sonores

Art. 20. — En rase campagne, l'approche de tout véhicule automobile doit être signalée, en cas de besoin, au moyen d'un appareil sonore d'une puissance suffisante et différent des types de signaux réservés à d'autres usages par des règlements spéciaux.

Si le véhicule est susceptible de marcher à une vitesse supérieure à 30 kilomètres à l'heure, cet appareil doit être susceptible d'être entendu à une distance de 100 mètres au moins.

Toutefois, dans les agglomérations, le son émis par l'avertisseur doit rester d'intensité assez modérée pour ne pas incommoder les habitants ou les passants, ni effrayer les animaux. L'usage des trompes à sons multiples et des sifflets y est interdit.

Réception

Art. 21. — Tout propriétaire d'un véhicule automobile de construction française ou étrangère doit se faire délivrer par le constructeur ou son représentant en France une copie du procès-verbal et du certificat de réception dressé en France par le service des mines, constatant que la voiture satisfait aux prescriptions du code de la route.

Dans le cas où ces pièces font défaut, et avant toute mise en service du véhicule, le propriétaire doit adresser au chef de la circonscription administrative dans laquelle se trouve son véhicule une demande de vérification qui est transmise au chef de l'arrondissement des travaux publics.

Le fonctionnaire des travaux publics désigné par le chef de l'arrondissement pour procéder à l'examen du véhicule dresse, si l'automobile satisfait aux prescriptions réglementaires, un procès-verbal de ses opérations, dont une expédition est remise au propriétaire.

Le certificat spécifie, en outre, le maximum de vitesse que l'automobile est capable d'atteindre en palier.

En cas de refus par le fonctionnaire des travaux publics de dresser un procès-verbal constatant que le véhicule présenté satisfait aux prescriptions réglementaires, le propriétaire intéressé peut faire appel au Gouverneur Général, qui statue définitivement après avis d'une commission nommée à cet effet.

Les véhicules auxquels aura été délivré, depuis moins d'un an, un certificat international de circulation, seront dispensés de l'épreuve de réception, si la colonie de Madagascar adhère à la convention internationale sur la circulation automobile du 24 avril 1926.

Plaques

Art. 22. — Indépendamment de la plaque prescrite par l'article 5 ci-dessus et portant les nom, prénoms et domicile du propriétaire, tout véhicule automobile doit porter, dans un endroit pratiquement accessible et en caractères facilement lisibles, les indications suivantes :

Désignation du constructeur du châssis ;

Numéro de fabrication du châssis (série et numéro de série) ;

Numéro de fabrication du moteur ;

Et, s'il s'agit d'un véhicule destiné à transporter des marchandises :

Le poids du véhicule à vide ;

Et le poids du chargement maximum.

Les véhicules remorqués doivent porter également l'indication de leur poids à vide et du poids de leur chargement maximum.

Tout véhicule automobile, quelle que soit sa vitesse, doit, en outre, être pourvu de deux plaques d'immatriculation portant un numéro d'ordre ; ces plaques doivent être fixées en évidence, d'une manière inamovible, à l'avant et à l'arrière du véhicule.

Les véhicules qui, en raison de leur vitesse réduite, en ont été dispensés jusqu'à ce jour, devront se conformer à cette obligation avant le 1er janvier 1927.

Le modèle et le mode de pose des plaques d'immatriculation sont établis conformément à ce qui suit :

Les numéros d'ordre d'immatriculation à attribuer aux véhicules automobiles sont fixés par le chef de l'arrondissement des travaux publics.

Le numéro est porté sur le récépissé de déclaration (carte grise) à remettre à l'intéressé.

Ce numéro d'ordre est formé d'un groupe de chiffres arabes (1) suivi d'une lettre majuscule romaine caractérisant la circonscription des travaux publics.

Les circonscriptions des travaux publics sont désignées par les lettres suivantes :

Tananarive	T
Tamatave	A
Majunga	M
Diégo-Suarez	D
Fianarantsoa	F
Tuléar	U
Comores	C

Le numéro et la lettre sont reproduits sur les plaques d'immatriculation, en caractères blancs sur fond noir, avec les dimensions suivantes ; le groupe de chiffres étant séparé de la lettre par un trait horizontal placé à la moitié de la hauteur de la plaque.

(1) Le groupe de chiffres ne pourra être supérieur à quatre chiffres. Lorsque le nombre des véhicules immatriculés dépassera les unités de mille, une nouvelle série de numéros d'ordre sera indiquée s'il y a lieu.

	MOTOCYCLETTES	AUTOMOBILES	
	Plaque avant et arrière	Plaque avant	Plaque arrière
	m/m	m/m	m/m
Hauteur des chiffres ou lettres	50	75	100
Largeur uniforme du trait	8	12	15
Largeur du chiffre ou de la lettre	30	45	60
Espace libre entre les chiffres	20	30	35
Largeur du trait entre groupes de chiffres et lettres	8	12	15
Longueur du trait	30	45	60
Espace libre entre le trait et les chiffres ou lettres	20	30	35

Les plaques sont placées de la manière suivante, de façon à être toujours en évidence :

1° *Automobiles :* Dans les plans verticaux, perpendiculaires à l'axe longitudinal du véhicule ;

2° *Motocyclettes* : Dans un plan vertical, perpendiculaire à l'axe longitudinal pour la plaque arrière accrochée au porte-bagage, parallèle à l'axe longitudinal du véhicule pour la plaque avant et autant que possible dans le plan du dit axe.

Chacune des plaques peut être constituée par une surface plane faisant partie intégrante du châssis ou de la carrosserie sur laquelle le numéro est peint à demeure. A défaut de cette disposition, le numéro est peint à demeure sur une plaque métallique rigide invariablement rivée au châssis ou à la carrosserie.

Le signe d'immatriculation placé à l'arrière doit être éclairé dès qu'il a cessé d'être visible à la lumière du jour.

Autorisation de circuler

Art. 23. — Tout véhicule automobile, pour être autorisé à circuler, doit, au préalable, être déclaré au chef-lieu de la circonscription administrative de la résidence du propriétaire.

En conséquence, tout propriétaire d'un véhicule automobile doit, avant de le mettre en circulation sur les voies publiques, adresser au chef de la circonscription administrative de sa résidence, une déclaration faisant connaître ses nom, prénoms et domicile, et accompagnée d'une copie du procès-verbal dressé en exécution de l'article 21 ci-dessus.

La déclaration du propriétaire est communiquée sans délai au chef de la subdivision des travaux publics.

Une carte grise enregistrant sa déclaration est remise au propriétaire ; cette carte indique le numéro d'ordre d'immatriculation assigné au véhicule par le chef d'arrondissement.

Cette déclaration est valable pour toute la Colonie.

L'autorisation de circuler peut être retirée par l'autorité administrative, s'il est évident que le véhicule cesse de satisfaire aux prescriptions réglementaires.

Toute cession de véhicule doit faire, de la part du vendeur, l'objet d'une déclaration au chef de la circonscription administrative où a eu lieu l'immatriculation. Cette déclaration, à laquelle est jointe la carte grise antérieurement délivrée, doit indiquer le nom de l'acquéreur. Il appartient au nouveau propriétaire de se faire délivrer, au chef-lieu de la circonscription administrative de sa résidence et sur production des pièces énumérées au deuxième alinéa du présent article, une carte grise à son nom.

Permis de conduire

Art. 24. — Nul ne peut conduire un véhicule automobile s'il n'est porteur d'un permis délivré par le chef de la circonscription administrative sur l'avis favorable de l'expert accrédité, chargé, par l'arrêté du 25 octobre 1926, de faire passer l'examen de conduite. Ce permis ne peut être délivré qu'à des candidats âgés d'au moins dix-huit ans. Il ne peut être utilisé pour la conduite, soit des voitures affectées à des transports en commun, soit des véhicules dont le poids en charge dépasse 3.500 kilos, que s'il porte une mention spéciale à cet effet.

Les conducteurs de motocycles à deux roues doivent être porteurs du même permis, que le chef de la circonscription peut délivrer aux candidats âgés de seize ans au moins, sur l'avis favorable de l'expert chargé, par l'arrêté du 25 octobre 1926, de faire passer l'examen de conduite.

Les conditions dans lesquelles sont établis et délivrés les permis de conduire sont fixées par l'arrêté du 25 octobre 1926.

Tout conducteur, après une contravention aux prescriptions du présent règlement ou des arrêtés municipaux pris en conformité du présent règlement, sera, de plein droit, déchu de son permis de conduire pour une durée variable suivant la gravité de la contravention Le tableau annexe n° 1 fixe cette durée.

Copie du procès-verbal dressé devra être adressée au chef de circonscription administrative qui, après en avoir reconnu la validité, informera le contrevenant de la durée de la déchéance encourue.

Toutefois, au cas où il résulterait nettement du procès verbal ou des renseignements recueillis qu'il n'y avait pas faute du contrevenant, le chef de circonscription adminis rative pourra, par décision motivée, substituer à la déchéance un simple avertissement. Copie de cette décision devra être adressée au Gouverneur Général sous le timbre de la direction des travaux publics.

Il ne pourra être adressé plus de deux avertissements au même contrevenant pendant un laps de temps de deux ans.

Au cas de contravention aggravée par l'ivresse du conducteur, comme au cas d'incapacité permanente dûment constatée, survenue postérieurement à la délivrance du permis de conduire, le conducteur sera, de plein droit, déchu de son permis de conduire et ne pourra être admis qu'après un délai de deux ans à se présenter à nouveau à l'examen de conduite institué par l'arrêté du 25 octobre 1926, en observant toutes les formalités prescrites, notamment l'acquittement préalable des droits afférents au permis de conduire.

Les agents des divers services publics, licenciés ou révoqués pour inaptitude professionnelle dans leur fonction de conducteur d'automobiles, seront également privés de plein droit de leur permis de conduire.

La décision de licenciement ou de révocation prise par le Gouverneur Général fixera le délai à l'expiration duquel ces agents pourront être autorisés à passer à nouveau l'examen de conduire. Ce délai ne sera pas inférieur à un an.

Circulation des automobiles.

Art. 25. — Le conducteur d'un automobile est tenu de présenter à toute réquisition des agents de l'autorité compétente :

1° Son permis de conduire ;

2° Le récépissé spécial de déclaration du véhicule (carte grise).

Il ne doit jamais quitter le véhicule sans avoir pris les précautions utiles pour prévenir tout accident, toute mise en route intempestive, et pour supprimer tout bruit gênant du moteur. A l'arrêt, le moteur doit toujours être débrayé.

Vitesse

Art. 26. — Sans préjudice des responsabilités qu'il peut encourir à raison des dommages causés aux personnes, aux animaux, aux choses ou à la route, tout conducteur d'automobile doit rester constamment maître de sa vitesse ; il est tenu, non seulement de réduire cette vitesse à l'allure autorisée sur les voies publiques, pour l'usage desquelles des règlements spéciaux peuvent être édictés, mais de ralentir ou même d'arrêter le mouvement toutes les fois que le véhicule, en raison des circonstances ou de la disposition des lieux, pourrait être une cause d'accident, de désordre ou de gêne pour la circulation, notamment dans les agglomérations, dans les courbes, les fortes descentes, les sections de route bordées d'habitations, les passages étroits et encombrés, certains ouvrages d'art, les carrefours, lors d'un croisement ou d'un dépassement, ou, encore, lorsque, sur la voie publique, les bêtes de trait, de charge ou de selle ou les bestiaux montés ou conduits par des personnes manifestent à son approche des signes de frayeur.

La vitesse des automobiles doit également être réduite dès la chute du jour et en cas de brouillard.

En outre, les véhicules automobiles, dont le poids total en charge est supérieur à 3.500 kilos, seront astreints, suivant qu'il s'agira du transport des personnes ou des marchandises, et selon le poids total du véhicule, à ne pas dépasser les vitesses maxima suivantes :

CATÉGORIES	POIDS TOTAL EN CHARGE	TRANSPORT des personnes	TRANSPORT des marchandises
1	3.500 à 4.500 kilos......	25 klm.	20 klm.
2	4.501 à 8.000 —	15	12
3	8.001 à 11.000 —	10	8
4	au-dessus de 11.000 kilos.	8	8

La vitesse maxima des véhicules de toute catégorie ne devra pas dépasser 15 kilomètres à l'heure dans la traversée des agglomérations et sur certaines portions de route spécialement désignées.

Automobiles-tracteurs et véhicules remorqués

ART. 27. — A. — *Règles communes au cas d'une remorque unique et au cas de plusieurs remorques.* — Sont applicables aux véhicules remorqués les prescriptions du présent règlement relatives aux véhicules isolés visés aux articles 2, 3, 5 et au premier alinéa de l'article 22 ci-dessus. Sont également applicables aux ensembles formés par les véhicules-tracteurs et les véhicules remorqués, les prescriptions de l'article 12 ci-dessus, concernant les convois.

Le dernier véhicule remorqué doit toujours porter, à l'arrière, une plaque d'immatriculation reproduisant la plaque d'arrière du véhicule tracteur visée au deuxième alinéa de l'article 22. Toutefois, la plaque du véhicule remorqué pourra être amovible. Cette plaque doit être éclairée dès qu'elle a cessé d'être visible à la lumière du jour.

Les dispositions particulières aux véhicules remorqués, en ce qui concerne les freins et l'éclairage, sont énoncées aux articles 18 et 19 ci-dessus.

Les attelages de fortune, au moyen de cordes ou de tout autre dispositif, ne sont tolérés qu'en cas de nécessité absolue et sous réserve d'une allure très modérée ; des mesures doivent être prises pour rendre ces attelages parfaitement visibles de jour comme de nuit. Lorsqu'un même tracteur remorque plusieurs véhicules, il ne peut être employé de moyens de fortune que pour un seul attelage.

B. — *Règles spéciales au cas d'une remorque unique.* — Les limitations de vitesse résultant des dispositions de l'article 26 ci-dessus pour les véhicules automobiles dont le poids total en charge dépasse 3.500 kilos, s'appliquent à l'ensemble formé par un tracteur et sa remorque considérés comme un véhicule unique dont le poids serait égal à la somme des poids, en charge, de ses deux éléments.

Si le poids en charge de la remorque ne dépasse pas la moitié du poids à vide du tracteur, il n'est pas tenu compte de la remorque pour la limitation de vitesse, qui reste déterminée par le poids en charge du tracteur seul.

Toutefois, les véhicules, même pesant, en charge, moins de 3.500 kilos et traînant une remorque, ne devront, en aucun cas, marcher à une vitesse supérieure à 25 kilomètres à l'heure.

C. — *Règles spéciales au cas de plusieurs remorques*

Les trains comprenant plusieurs remorques ne peuvent être admis à circuler sans une autorisation délivrée par le chef de circonscription administrative, après avis du chef de l'arrondissement des travaux publics, lorsque le parcours est compris dans l'étendue d'une seule circonscription ; par le Gouverneur Général, après avis des chefs de circonscription administrative et du directeur des travaux publics, dans le cas contraire.

La demande doit indiquer :

1° Les routes et chemins que le pétitionnaire a l'intention de suivre ;

2° Les poids, en charge, du tracteur et de chacune des remorques, ainsi que le poids de l'essieu le plus chargé ;

3° La composition habituelle des trains et leur longueur totale ;

4° La vitesse de marche prévue ;

5° Le mode de freinage adopté en conformité des prescriptions de l'article 18.

L'autorisation est conforme au modèle-type annexé au présent règlement ; elle détermine les conditions que doivent remplir l'automobile et ses conducteurs, pour assurer la sécurité et la commodité de la circulation ; en particulier elle fixe la vitesse maxima de marche, le nombre d'hommes qui doivent être attachés au service du train ; en aucun cas, ce nombre ne saurait être inférieur à deux, et il doit toujours être tel que, si les freins des véhicules convoyés ne sont pas actionnés par le mécanicien, leur manœuvre soit confiée à autant de conducteurs spéciaux qu'il est nécessaire pour assurer la sécurité de la marche du train, eu égard aux déclivités du parcours et à la vitesse de marche.

Courses d'automobiles

ART. 28. — Lorsque le parcours d'une course d'automobiles est compris dans l'étendue d'une seule circonscription administrative, l'autorisation est donnée par le chef de circonscription après avis du chef d'arrondissement des travaux publics.

Lorsque le parcours comprend plusieurs circonscriptions, l'autorisation est délivrée par le Gouverneur Général, sur l'avis des chefs de circonscription et du directeur des travaux publics.

Si la course est organisée exclusivement sur le territoire d'une ville érigée en commune, l'autorisation sera donnée par l'administrateur-maire, après avis du conseil municipal ou de la commission municipale.

Si le parcours de la course emprunte des voies publiques faisant partie du domaine public de la Colonie, l'avis du chef de l'arrondissement des travaux publics devra être obligatoirement demandé.

Les frais de surveillance et autres, occasionnés à l'administration par la course, sont supportés par les organisateurs de celle-ci, qui doivent déposer à cet effet une consignation préalable.

CHAPITRE IV

Dispositions applicables aux cycles à moteur auxiliaire et aux cycles sans moteur

Cycles pourvu d'un moteur mécanique

Art. 29. — Les cycles pourvus d'un moteur mécanique sont régis par les dispositions du Chapitre III. Toutefois, sont seulement soumises aux articles 16, 17, 18, 20, 21, 26 et 28 du Chapitre III, relatifs aux véhicules automobiles, et sont assujetties aux articles 30, 32, 33 (§ 2) du présent Chapitre concernant les cycles sans moteur : les bicyclettes à moteur auxiliaire (B. M. A.) présentant les conditions de construction suivantes :

1° Peser au plus 30 kilos, moteur compris ;

2° Ne pas dépasser, en palier, une vitesse maxima de 30 kilomètres à l'heure ;

3° Demeurer susceptibles d'être actionnées par les pieds au moyen de pédales.

Les constatations et certifications du service métropolitain des mines, ou de celui des travaux publics de Madagascar, prévues à l'article 21, comprendront la vérification de ces conditions de construction.

Indépendamment de la plaque prescrite par l'article 32 et indiquant le nom et le domicile du propriétaire, les bicyclettes à moteur auxiliaire doivent porter, d'une manière apparente, sur une plaque métallique invariablement fixée au moteur, le nom du constructeur du moteur, l'indication du type du véhicule, le numéro d'ordre dans la série du type et les initiales B. M. A. le tout authentifié par une ou plusieurs marques de poinçon apposées par le constructeur.

Cycles sans moteur

Eclairage

Art. 30. — Pendant la nuit et dès la tombée du jour, tout cycle doit être pourvu, soit d'un feu visible de l'avant et de l'arrière, soit d'un feu visible de l'avant seulement et d'un appareil à surface réfléchissante rouge à l'arrière.

Signaux sonores

Art. 31. — Tout cycle doit être muni d'un appareil avertisseur, constitué par un timbre à note aiguë ou un grelot, dont le son puisse être entendu à 50 mètres au moins, et qui sera actionné aussi souvent qu'il sera besoin. L'emploi de tout autre signal sonore est interdit.

Plaques

Art. 32. — Tout cycle doit porter une plaque métallique indiquant le nom et le domicile du propriétaire, ainsi qu'un numéro d'ordre, si le propriétaire est loueur de cycles.

Vitesse

Art. 33. — Les cyclistes doivent prendre une allure modérée dans la traversée des agglomérations, ainsi qu'aux croisements, carrefours et tournants des voies publiques.

Ils ne peuvent former, dans les rues, des groupes susceptibles de gêner la circulation.

Il est interdit de monter à plusieurs personnes sur ces engins. Toutefois, des enfants pesant moins de 15 kilos peuvent être transportés sur des sièges spéciaux ou des porte-bagages

Croisement ou dépassement

Art. 34. — Les cyclistes doivent prendre leur droite lorsqu'ils croisent des véhicules quelconques, des cycles, des piétons ou des animaux, et leur gauche lorsqu'ils veulent les dépasser ; dans ce dernier cas, ils sont tenus d'avertir le conducteur, le cavalier ou le piéton au moyen de leur appareil sonore et de modérer leur allure.

Réglementation de la circulation des cycles

Art. 35. — La circulation des cycles est admise sur les trottoirs dont la largeur n'est pas inférieure à 2 mètres, à condition que les machines soient conduites à la main.

CHAPITRE V

Dispositions applicables aux piétons et aux animaux non attelés ni montés

Piétons

Art. 36. — Sans préjudice des mesures de précaution qu'ils doivent prendre avant de s'engager sur la partie de la voie publique affectée aux véhicules et aux animaux, les piétons doivent se ranger pour laisser passer les véhicules, y compris les cycles, ainsi que les bêtes de trait, de charge ou de selle.

Troupeaux

Art. 37. — Les troupeaux de bœufs et autres animaux circulant sur les routes d'intérêt général et d'intérêt régional devront posséder un conducteur par groupe d'une dizaine d'animaux.

Ces groupes devront se tenir à une distance de 200 mètres au minimum les uns des autres.

Les troupeaux ne doivent pas stationner sur la chaussée.

Le Gouverneur Général détermine chaque année les conditions particulières à observer pour les troupeaux transhumants, afin de gêner le moins possible la circulation publique et, notamment, les itinéraires que doivent suivre ces troupeaux.

Divagation ou abandon des animaux sur la voie publique

ART. 38. — Il est interdit de laisser vaguer sur les voies publiques un animal quelconque, et d'y laisser à l'abandon des bêtes de trait, de charge ou de selle.

Pacage

ART. 39. — Il est défendu de faire ou de laisser paître les animaux de toute espèce sur les voies publiques.

CHAPITRE VI

Dispositions transitoires et diverses

Contraventions au présent règlement

ART. 40. — Les contraventions aux dispositions du présent règlement seront constatées par des procès-verbaux et déférées aux tribunaux compétents, conformément aux lois et règlements en vigueur.

Délais d'application du présent règlement

ART. 41. — Les délais suivants sont accordés pour l'application des articles visés ci-dessus, aux véhicules qui seront en service lors de la publication du présent règlement :

Jusqu'au 1er juillet 1927

Pour les prescriptions de l'article 17 (*d*) concernant l'obligation, pour certains véhicules automobiles, d'être munis d'un appareil rétroviseur.

Pour les prescriptions de l'article 19 relatives à l'éclairage spécial des véhicules automobiles.

Jusqu'au 1er juillet 1928

Pour les prescriptions de l'article 2 relatives à la largeur des bandages des roues des véhicules à traction animale.

Jusqu'au 1er juillet 1929

Pour les prescriptions de l'article 17 concernant l'obligation, pour les véhicules automobiles pesant plus de 3.500 kilogrammes, d'être munis d'un dispositif empêchant les dérives.

Règlements abrogés

ART. 42. — Sont et demeurent abrogés les titres I, II, IV, V et VI de l'arrêté du 5 février 1901 réglementant la police du roulage et des messageries publiques à Madagascar, l'arrêté du 22 octobre 1920, l'arrêté du 3 septembre 1923 concernant les voitures attelées, l'arrêté du 7 août 1925 réglementant la circulation des bœufs.

ART. 43. — MM. le secrétaire général, le procureur général, chef du service judiciaire, le directeur des travaux publics et les chefs de circonscription administrative sont chargés, chacun en ce qui le concerne, de l'exécution du présent arrêté, qui sera inséré au *Journal Officiel* de la Colonie et publié ou communiqué partout où besoin sera.

Les fonctions attribuées aux chefs de circonscription administrative par le présent règlement sont remplies par les chefs de province et de district autonome.

Tananarive, le 25 octobre 1926.

H. BERTHIER.

ANNEXE N° 1

Durée de la déchéance afférente aux diverses contraventions à l'arrêté du 25 octobre 1926 portant règlement général sur la police de la circulation et du roulage (Application de l'article 24.)

Les infractions aux dispositions des articles :			Entraîneront de droit la déchéance du permis de conduire pour une durée de :
2, 3, 16	Relatives aux conditions que doivent remplir les véhicules pour être admis à circuler		1 mois.
6	Relatives à la largeur du chargement		1 mois.
10	Relatives à la priorité pour le passage des ponts		1 mois.
21	Relatives à la réception des véhicules		1 mois.
23	Relatives à l'autorisation de circuler		1 mois.
24	Relatives à la conduite de véhicules d'une autre catégorie que celles pour lesquelles l'autorisation est délivrée		1 mois.
5, 22	Relatives aux plaques		1 mois.
28	Relatives au défaut d'autorisation pour les courses		1 mois.
11, 25	Relatives au stationnement des véhicules		3 mois.
12	Relatives aux convois		3 mois.
17	Relatives aux organes mécaniques		3 mois.
18	Relatives aux freins de remorques		3 mois.
7	Relatives à la conduite des véhicules		6 mois.
9	Relatives aux croisements et dépassements		6 mois.
13	Relatives aux transports exceptionnels		9 mois.
10	Relatives aux bifurcations et croisées de chemins		1 an.
14	Relatives au passage des ponts		1 an.
19	Relatives à l'éclairage	snppression d'un feu blanc	1 mois.
		suppression des 2 feux blancs ou du feu blanc pour les motocyclettes à 2 roues sans side-car	6 mois.
		réduction de vitesse à l'éclairage réduit ou sous couvert des feux de signalisation : sur route	6 mois.
		réduction de vitesse à l'éclairage réduit ou sous couvert des feux de signalisation : agglomérations	1 an.
		autres contraventions	1 mois.
20	Relatives aux signaux sonores	défaut d'appareil ou de signalisation	6 mois.
		autres contraventions	1 mois.
8, 26	Relatives à la vitesse	sur route : le jour	3 mois.
		sur route : la nuit	6 mois.
		dans les agglomérations : le jour	9 mois.
		dans les agglomérations : la nuit	1 an.
27	Relatives aux automobiles-tracteurs et véhicules remorqués.	excès de vitesse	Mêmes durées de déchéance que celles fixées pour les infractions aux art. 8 et 26 ci-dessus.
		autres contraventions	1 mois.
Arrêtés municipaux pris en conformité du règlement général sur la police de la circulation et du roulage			1 mois.

ANNEXE N° 2

MODÈLE D'AUTORISATION
prévu à l'article 15 de l'arrêté du 25 octobre 1926

Circonscription administrative de

Certificat d'immatriculation des véhicules attelés valable jusqu'au :

Numéro d'inscription :

Nom du propriétaire :

Domicile du propriétaire :

Caractéristiques du véhicule :

Charge maxima :

Circonscription administrative de

Certificat d'immatriculation des véhicules attelés valable jusqu'au :

Numéro d'inscription :

Nom du propriétaire :

Domicile du propriétaire :

Caractéristiques du véhicule :

Charge maxima :

A , le 192

Le chef d

ANNEXE N° 3

MODÈLE TYPE D'AUTORISATION (1)

pour trains routiers ou transports exceptionnels

(Application des articles 13 et 27 § C de l'arrêté du 25 octobre 1926) (code de la route)

CONDITIONS

à insérer au point de vue de la police du roulage et de la conservation du domaine public routier dans l'autorisation accordée par le Gouverneur Général de Madagascar et Dépendances,

le chef de (2) *d*

à M. domicilié à

de faire circuler un { *train routier* / *véhicule effectuant un transport exceptionnel dans l'* (2) }

1° Objet de l'autorisation

L'autorisation de circuler sur les routes de s'applique à un train (3) d'une longueur totale maxima de mètres composé

d'un { tracteur / camion automobile agissant comme tracteur / camion automobile isolé }

et de remorques et présentant les caractéristiques suivantes :

Tracteur	*Remorques*
Numéro de la plaque d'immatriculation :	
Modèle du véhicule.. { simple à 2 essieux. / composé à 3 essieux.	Modèle { à 1 essieu. / à 2 essieux.
Nom du constructeur :	Marque de fabrique :
Type :	
Numéro de série du type :	
Marque et numéro de fabrication du moteur :	
Force en chevaux :	
Poids du véhicule à vide :	Poids du véhicule à vide :
Poids du chargement maximum :	Poids du chargement maximum :

2° Poids

Le poids total en ordre de marche du tracteur et de remorques ne peut dépasser kilogrammes dont pour le tracteur et kilogrammes pour les remorques.
Le poids de l'essieu le plus chargé ne dépassera pas kilogrammes.

3° Circulation des véhicules. — Moteur. — Freins

Le circulant seul ou remorquant un ou plusieurs véhicules, doit être accompagné d'un conducteur, d'un ouvrier âgé d'au moins dix-huit ans susceptible de suppléer au besoin le conducteur et, autant que de besoin, des ouvriers supplémentaires qui sont nécessaires pour la manœuvre des freins ; ceux-ci seront assez puissants pour provoquer l'arrêt du train sur une distance de 10 mètres au maximum et empêcher le traînage des roues du tracteur et des véhicules remorqués quel que soit l'état de l'atmosphère et des routes.

Les routes suivantes seront empruntées

(1) Biffer les mentions qui ne s'appliquent pas au cas envisagé.
(2) Circonscription administrative.
(3) Mention à supprimer s'il s'agit d'un véhicule unique.

4° Vitesse (1)

La vitesse ne peut dépasser kilomètres à l'heure en rase campagne et kilomètres dans les agglomérations.

5° Stationnement. — Etablissement de garages

Le pétitionnaire doit se pourvoir auprès d chef d d'une autorisation spéciale pour l'établissement éventuel de garages, et exécuter les travaux qui lui sont indiqués dans ce but par l'administration.

Les véhicules ne peuvent stationner sans que toutes les précautions soient prises pour prévenir une mise en marche intempestive.

Conditions spéciales pour les stationnements dans les traverses des villes et des agglomérations :

Sauf sur les places publiques, ce stationnement doit se faire exclusivement sur l'un des accotements de la route : celui de droite en principe, en laissant absolument libres le corps de la chaussée ainsi que l'autre accotement.

6° Circulation sur les ponts

La circulation de sur les ponts de est subordonnée aux conditions spéciales suivantes :

a) La vitesse ne peut dépasser (2)

b)

c)

La circulation sur les ponts de est interdite.

7° Réparations des dégradations

Les réparations des dégradations, qui résulteraient des transports, seront à la charge de l'impétrant ; celui-ci est civilement responsable, tant envers la Colonie qu'envers les tiers, de tous les dommages et accidents qui seraient dûs à ses transports. Il ne pourra se prévaloir du mauvais état de viabilité d'une route et de la résistance des ouvrages d'art pour se soustraire à ses obligations, ni réclamer à l'administration d'indemnité ou de dommages-intérêts de ce chef, pour quelque cause que ce soit.

8° Copie conforme de l'autorisation à produire à toute réquisition

Une copie conforme de l'autorisation devra être produite par le conducteur de à toute réquisition des agents chargés de l'exécution de la police du roulage et de la circulation.

9° Prescription des règlements relatifs aux appareils à vapeur

Les chaudières et machines devront, en outre, satisfaire aux dispositions des règlements sur les appareils de cette nature en vigueur (3) ou à intervenir.

10° Appareil avertisseur

L'appareil avertisseur prescrit par l'article 20 de l'arrêté du 25 octobre 1926 (code de la route) consistera en une forte trompe ou une cloche (indépendamment d'un sifflet à vapeur dont il ne pourra être fait usage qu'en cas d'insuffisance de la trompe et de la cloche et en dehors des agglomérations (4).

11° Durée de l'autorisation

L'autorisation sollicitée n'est accordée qu'à titre précaire pour une durée maximum d'un an et sans aucune reconnaissance d'un droit au profit de l'impétrant. L'administration se réserve d'y apporter, par la suite, telles modifications ou additions dont l'expérience viendrait à établir l'utilité ou la nécessité.

---

(1) Voir article 26 du règlement sur la police de la circulation et du roulage (code de la route).
(2) Généralement 6 kilomètres à l'heure. (Voir notamment arrêté du 27 novembre 1925).
(3) Actuellement, les textes réglementaires relatifs aux appareils à vapeur sont : la loi du 18 avril 1900 et le décret du 9 octobre 1907 rendus applicables à Madagascar par décret du 28 décembre 1910.
(4) Pour les véhicules mus par la vapeur seulement.

12° Dispositions générales

Si les conditions qui précèdent sont jugées insuffisantes, l'impétrant devra se conformer aux conditions particulières qui lui seront imposées, comme aussi aux instructions qui lui seront données, par les agents de l'administration.

Il doit, en tous cas, se conformer aux dispositions de l'arrêté du 25 octobre 1926 (code de la route) sur la police du roulage et de la circulation, pour autant que les prescriptions de la présente autorisation n'y apportent pas de dérogation.

13° Dispositions particulières

ARRÊTÉ

portant règlement sur le permis de conduire les véhicules automobiles

Le Gouverneur Général p. i. de Madagascar et Dépendances, officier de la Légion d'honneur,

Vu les décrets des 11 décembre 1895 et 30 juillet 1897 ;

Vu l'arrêté du 20 mai 1903 fixant le mode de délivrance des certificats de capacité pour la conduite des véhicules automobiles ;

Vu l'arrêté du 22 octobre 1920, modifiant et complétant les titres V et VI de l'arrêté du 5 février 1901, réglementant la police du roulage et des messageries publiques à Madagascar ;

Vu les dispositions des articles 96 à 99 de l'arrêté du 27 novembre 1920, fixant les tarifs de transport par voiture automobile, homologuant les distances, déterminant les conditions d'application des tarifs et fixant les frais accessoires ;

Vu l'arrêté du 25 octobre 1926, portant règlement général sur la police de la circulation et du roulage (code de la route) ;

Vu la convention internationale relative à la circulation automobile du 24 avril 1926 ;

Considérant qu'il y a lieu de prévoir un droit d'examen uniforme pour toute la Colonie et d'adopter un modèle de permis de conduire en harmonie avec celui qui est délivré dans la Métropole ;

Vu l'avis du directeur des finances et de la comptabilité ;

Sur la proposition du directeur des travaux publics et des chemins de fer ;

Le conseil d'administration entendu,

Arrête :

Art. 1er. — Toute personne désirant obtenir le permis de conduire, prévu à l'article 24 de l'arrêté du 26 octobre 1926, en fait la demande sur papier libre, revêtu d'un timbre fiscal de 2 francs, au chef de la circonscription administrative de sa résidence. Cette demande énonce le nom, prénoms, domicile, lieu et date de naissance du pétitionnaire, et précise, le cas échéant, si l'intéressé désire obtenir la faculté de conduire, soit des voitures affectées à des transports en commun, soit des véhicules dont le poids en charge dépasse 3.500 kilos, soit des motocyclettes à deux roues.

A cette demande sont joints, par le pétitionnaire :

1° La justification de son état civil et de sa résidence ;

2° Une déclaration affirmant qu'il ne se trouve pas privé du droit de conduire, par suite d'une décision de retrait d'un permis antérieur ;

3° Trois exemplaires de la photographie de son visage, de face ou de trois quarts, à l'état d'épreuves non collées et mesurant environ 4 centimètres de côté. La hauteur de la tête sera de 2 centimètres au minimum ;

4° Un récépissé de versement, délivré par le trésor du chef-lieu de la circonscription administrative de sa résidence, et justifiant du paiement des droits afférents au permis de conduire.

Art. 2. — Les candidats au permis de conduire subissent, devant un expert faisant partie de l'administration, une ou plusieurs épreuves directes, permettant d'apprécier leur aptitude à conduire et à manœuvrer les véhicules auxquels s'appliquera le permis. Ils doivent, en outre, posséder des connaissances élémentaires du mécanisme du véhicule, pour remédier en cours de route aux plus simples des incidents, qui peuvent faire rester le véhicule en panne.

Ils se présentent aux jour, heure et lieu fixés par l'examinateur, avec le ou les véhicules de la catégorie correspondant à la demande de permis.

Ils justifient de la connaissance des règles de la police de la circulation automobile.

Art. 3. — Dans les localités où il existe un dépôt du service des automobiles, l'examen est passé devant le chef de dépôt ou son délégué. Dans les autres localités, il est passé, sous la responsabilité du chef de l'arrondissement des travaux publics, devant un agent qu'il désigne à cet effet et auquel il peut adjoindre, s'il le juge nécessaire, une personne compétente, choisie de préférence parmi les membres de l'Automobile-Club de Madagascar ou d'une autre association habilitée par l'administration pour ce faire.

Cet examen consiste, de la part du candidat, à manœuvrer un véhicule à moteur mécanique de la nature de celui qu'il se propose de conduire, en présence et sous la direction de l'examinateur.

L'examinateur prend place avec le candidat sur la voiture, lui fait effectuer à diverses vitesses un parcours, avec virages, application des moyens de freinage, arrêts, marche arrière et, généralement, toutes manœuvres qui peuvent se présenter dans la pratique. De plus, il lui pose des questions sur le rôle et l'emploi de divers leviers, pédales ou manettes, sur les opérations préparatoires de mise en marche du véhicule.

Art. 4. — En ce qui concerne les motocycles à deux roues, l'examinateur se borne à faire évoluer devant lui le candidat monté sur sa machine, et à apprécier s'il possède à un degré convenable l'expérience et les qualités nécessaires pour la conduite de ce genre de véhicule et s'il est bien familiarisé avec son fonctionnement.

Art. 5. — Lorsque le résultat de ces épreuves est satisfaisant, le chef de la circonscription administrative, après s'être assuré que le candidat ne se trouve pas privé du droit de conduire à la suite du retrait d'un permis antérieur, délivre au candidat admis, après réception du rapport dressé par l'examinateur, le permis de conduire établi sur carte rose fournie par l'administration et portant, s'il y a lieu, les mentions spéciales prévues à l'article 6 ci-dessous.

Le permis, ainsi délivré, est valable dans toute la Colonie (1).

Chaque chef de circonscription administrative date et numérote, dans l'ordre de leur délivrance, les permis établis par ses soins, et les enregistre avec l'indication de la ou des catégories de véhicules à la conduite desquels ils s'appliquent.

Un relevé du dit registre est adressé mensuellement (2) au directeur des travaux publics.

Art. 6. — Le permis sans mention spéciale au verso est valable pour la conduite de tout véhicule automobile n'appartenant pas à l'une des trois catégories ci-après :

1° Voitures affectées à des transports en commun ;

2° Véhicules pesant en charge plus de 3.500 kilog. ;

3° Motocycles à deux roues, avec ou sans side-car.

La validité de ces permis peut, toutefois, être étendue, par mention spéciale au verso, à l'une ou plusieurs des catégories de véhicules ci-dessus, soit au moment même de sa délivrance, sans droit d'examen supplémentaire, si les épreuves subies par le candidat sur sa demande ont démontré sa capacité à conduire les véhicules des dites catégories, soit postérieurement, sur une nouvelle demande du titulaire adressée au chef de la circonscription administrative de sa résidence et instruite dans la forme prévue aux articles 2 et 3 ci-dessus, après versement d'un droit de 15 francs par mention supplémentaire.

Art. 7. — Le permis pour la conduite des motocycles à deux roues est le même que celui établi sur carte rose, mais il est barré diagonalement par un trait à l'encre.

Il n'est susceptible d'aucune extension de validité et ne peut être utilisé pour la conduite des motocycles pourvus d'un side-car, que si le conducteur qui en est titulaire a 18 ans révolus

Art. 8. — La délivrance du permis de conduire, prévu à l'article 1er, donne lieu à la perception d'un droit de 40 francs au bénéfice du budget local. Ce versement sera effectué directement au trésor par le requérant au titre : « Recettes éventuelles et non classées », chapitre IV, article 3, paragraphe 4, et fera l'objet d'une quittance à souche qui devra être mise à l'appui de la demande d'examen. Les versements seront régularisés mensuellement sur ordre de recette.

Le droit d'examen reste acquis à l'administration dans tous les cas.

En cas d'insuccès, le candidat conservera pendant un délai de huit jours la faculté de demander à passer une nouvelle épreuve devant un autre examinateur, en versant un droit réduit à 10 francs.

Passé ce délai, toute nouvelle demande d'examen donnera lieu à la perception du droit complet.

Les examinateurs percevront pour chaque candidat examiné et dans tous les cas, une indemnité de 10 francs qui leur sera mandatée au titre du chapitre XVI, article 3, du budget local.

Art. 9. — Les agents de l'administration qui se servent d'une automobile ou d'une motocyclette pour les besoins du service seront dispensés du droit d'examen, sur la présentation d'une attestation de leur chef de service.

Art. 10. — Le présent arrêté entrera en vigueur le 1er janvier 1927. Les certificats de capacité pour la conduite des automobiles, délivrés avant cette date demeureront valables. Les titulaires auront la faculté de réclamer un permis nouveau modèle sur présentation de l'ancien, au chef de la circonscription administrative de leur résidence, sans être soumis à nouvel examen ni avoir à acquitter aucune taxe.

Toutefois, à partir du 1er janvier 1927, ces certificats devront, pour être applicables à la conduite des voitures affectées à des transports en commun, des véhicules dont le poids en charge dépassera 3.500 kilos ou des motocycles à deux roues, être revêtus de la ou des mentions spéciales visées à l'article 6 du présent arrêté.

Ces mentions spéciales complémentaires seront apposées sur le certificat de capacité, à la demande de l'intéressé, par le chef de la circonscription administrative de la résidence de celui-ci. Elles le seront sans épreuve nouvelle, lorsque le demandeur justifiera avoir habituellement conduit pendant plus de six mois des véhicules appartenant à la ou aux catégories envisagées. Si cette justification n'est pas produite ou est jugée insuffisante, le demandeur est tenu de subir un nouvel examen, après versement des droits exigibles.

Atr. 11. — Sont valables sur tout le territoire de la colonie de Madagascar et Dépendances, aux conditions fixées par le présent arrêté, les permis de conduire délivrés dans la Métropole, les colonies françaises et les pays de protectorat ou sous mandat français.

Seront également valables les permis internationaux de conduire délivrés depuis moins d'un an, si la colonie de Madagascar et Dépendances adhère à la convention internationale relative à la circulation automobile

(1) Ce permis est valable dans la Métropole (arrêté du ministre des travaux publics du 16 mars 1923).
(2) Avec un exemplaire de chaque photographie.

du 24 avril 1926 (Conférence internationale réunie à Paris du 20 au 24 avril 1926)

Art. 12. — Il sera tenu à Tananarive, à la direction des travaux publics, au moyen des relevés mensuels fournis par les chefs de circonscription administrative prévus à l'article 5, un registre spécial des permis de conduire délivrés dans toute la Colonie.

Art. 13. — Le présent arrêté abroge et remplace l'arrêté du 20 mai 1903 et toutes dispositions antérieures qui lui seraient contraires.

Art. 14. — Les articles 96, 97, 98 et 99 de l'arrêté du 27 novembre 1920 fixant les tarifs de transport par voitures automobiles, homologuant les distances, déterminant les conditions d'application des tarifs et fixant les frais accessoires, sont rapportés.

Art. 15. — Les contraventions au présent arrêté seront constatées poursuivies et réprimées conformément aux lois et règlements en vigueur.

Art. 16. — MM. le secrétaire général, le directeur des finances et de la comptabilité, le directeur des travaux publics et les chefs de circonscription administrative sont chargés, chacun en ce qui le concerne, de l'exécution du présent arrêté, qui sera inséré au *Journal Officiel* de la Colonie et publié ou communiqué partout où besoin sera.

Les fonctions attribuées par le présent arrêté aux chefs de circonscription administrative sont remplies par les chefs de province et de district autonome.

Tananarive, le 25 octobre 1926.

H. BERTHIER.

EXTRAIT

de l'arrêté du 5 février 1901 réglementant la police de roulage et des messageries publiques à Madagascar. (Articles non abrogés par l'arrêté du 25 octobre 1926.)

Le Général commandant en chef du corps d'occupation et Gouverneur Général de Madagascar et Dépendances,

Vu les décrets des 11 décembre 1895 et 30 juillet 1897 ;

Considérant que, par suite de l'achèvement des routes de l'Est et de l'Ouest, il importe de réglementer la circulation des véhicules de toutes sortes,

Arrête :

Art. 1er. — Est soumise aux prescriptions du présent arrêté la circulation des voitures et appareils de locomotion de toute sorte, sur les routes de la Colonie déclarées ouvertes à la circulation par arrêté du Gouverneur Général.

....

TITRE III

Dispositions applicables aux voitures ou appareils de locomotion des messageries publiques.

....

Art. 12. — Les entrepreneurs de voitures publiques déclareront le siège principal de leur établissement, le nombre de leurs voitures, celui des places qu'elles contiennent, ainsi que les itinéraires et horaires qu'ils se proposent de suivre.

Cette déclaration sera faite au chef de la circonscription où se trouve le siège du principal établissement de l'intéressé.

Tout changement aux dispositions arrêtées donnera lieu à une déclaration nouvelle, aussitôt après les déclarations faites en vertu de l'article précédent avant la délivrance de l'autorisation.

Art. 13. — La largeur de la voie pour les voitures publiques est fixée au minimum à 1 m. 20 entre le milieu des jantes et la partie des roues reposant sur le sol.

Art. 14. — La distance entre les axes des deux essieux dans les voitures publiques à quatre roues sera égale au moins à la moitié de la longueur des caisses mesurées à la hauteur de leur ceinture, sans pouvoirs néanmoins descendre au-dessous de 1 m. 20.

Art. 15. — L'usage des impériales est interdit.

Les bagages doivent être placés dans des compartiments distincts de ceux où prennent place les voyageurs.

La partie la plus élevée du chargement des bagages aux messageries ne peut être à plus de 2 mètres au-dessus du sol.

La hauteur du chargement est réglée par une traverse en fer placée au milieu de la longueur affectée au chargement et dont les montants, au moment de la visite prescrite par l'article 17, sont marqués d'une apostille constatant qu'ils ne dépassent pas la hauteur voulue. Ils doivent, ainsi que les traverses, être constamment apparents.

La bâche qui recouvre le chargement ne peut déborder ces montants ni la hauteur de la traverse.

Il est défendu d'attacher aucun objet en dehors de la bâche.

Art. 16. — Les compartiments des voitures publiques seront disposés de manière à satisfaire aux conditions suivates :

Largeur moyenne des places : 0 m. 48 centimètres.

Largeur des banquettes 0 m. 45 centimètres.

Distance entre deux banquettes : 0 m. 45 centimètres.

Distance entre une banquette placée parallèlement aux essieux et le fond ou le devant de la voiture : 0 m. 35 centimètres.

Hauteur du pavillon au-dessus du fond de la voiture : 1 m. 40 centimètres.

Hauteur des banquettes y compris les coussins : 0 m. 40 centimètres.

Chaque portière sera munie d'un marchepied.

Art. 17. — Les essieux seront en fer corroyé, de bonne qualité, et arrêtés à chaque extrémité, soit par un écrou assujetti au moyen d'une clavette, soit par une boîte à huile fixée par quatre boulons traversant la longueur du moyeu, soit par tout autre système qui sera approuvé par le Gouverneur Général.

Le chef de circonscription administrative ordonne la visite des voitures afin de constater si elles sont conformes à ce qui est prescrit par le présent arrêté et si elles ne présentent aucun vice de construction qui puisse occasionner des accidents. Cette visite, qui pourra être renouvelée toutes les fois que l'autorité le jugera nécessaire, sera faite, en présence d'un commissaire de police ou d'un fonctionnaire désigné par le chef de la circonscription, par un expert nommé à cet effet.

L'entrepreneur aura la faculté de nommer de son côté un expert pour opérer contradictoirement avec celui de l'administration.

La visite des voitures ne peut être faite qu'à l'un des principaux établissements de l'entrepreneur.

Les frais sont à la charge de l'entrepeneur.

Le chef de la circonscription prononce sur le vu du procè-verbal d'expertise et du rapport du commissaire de police.

Aucune voiture ne peut être mise en circulation avant la délivrance de l'autorisation du chef de la circonscription.

Art. 18. — Toute voiture publique doit être munie d'une machine à enrayer agissant sur les roues de derrière et disposée de manière à pouvoir être manœuvrée de la place assignée au conducteur.

Les voitures doivent être, en outre, pourvues d'un sabot et d'une chaîne d'enrayage, que le conducteur placera à chaque descente rapide.

Art. 19. — Pendant la nuit, les voitures publiques seront éclairées par une lanterne à réflecteur placé à droite et à l'avant de la voiture.

Art. 20. — Chaque voiture porte à l'intérieur, dans un endroit apparent, en même temps que l'estampille délivrée à titre d'autorisation de circuler, le nom et le domicile de l'entrepreneur et l'indication du nombre de places de chaque compartiment.

Art. 21. — Elle porte à l'intérieur des compartiments : 1° le numéro de chaque place ; 2° le prix de la place depuis le lieu du départ jusqu'à celui d'arrivée.

L'entrepreneur ne peut admettre dans les compartiments de ses voitures un plus grand nombre de voyageurs que celui indiqué sur les panneaux, conformément à l'article 20.

Art. 22. — Chaque entrepreneur inscrit sur un registre coté et paraphé par le maire le nom des voyageurs qu'il transporte ; il inscrit également les ballots et paquets dont le transport lui est confié.

Il remet au conducteur, pour lui servir de feuille de route, une copie de cet enregistrement et, à chaque voyageur, un extrait en ce qui le concerne, avec le numéro de sa place.

Art. 23. — Les conducteurs ne peuvent prendre en route aucun voyageur, ni recevoir aucun paquet sans en faire mention sur les feuilles de route qui leur ont été remises au point de départ.

Art. 24. — Lorsque contrairement à l'article 5 (1) du présent arrêté, un roulier conducteur de voiture n'aura pas cédé la moitié de la chaussée à une voiture publique, le conducteur ou postillon qui aurait à se plaindre de cette contravention devra en faire la déclaration à l'officier de police du lieu le plus rapproché en faisant connaître le nom du voiturier d'après la plaque de sa voiture.

Les procès-verbaux de contravention seront sur-le-champ transmis au procureur de la République, qui fera poursuivre les délinquants.

Art. 25. — Les préposés de l'entrepreneur, à chaque bureau de départ et d'arrivée et à chaque bureau intermédiaire, seront présents à l'arrivée et au départ de chaque voiture et s'assureront, par eux-mêmes, sous leur responsabilité, que les conducteurs ne sont pas en état d'ivresse.

Art. 26. — A chaque bureau de départ et d'arrivée et à chaque relai, il y a un registre coté et paraphé par le maire, pour l'inscription des plaintes que les voyageurs peuvent avoir à former contre les conducteurs, postillons ou cochers. Ce registre est présenté aux voyageurs, à toute réquisition, par le chef du bureau ou par le relayeur.

Art. 27. — Les dispositions qui précèdent ne sont pas applicables aux malles-postes destinées au transport de la correspondance du gouvernement et du public, la forme, les dimensions, le chargement et le mode de conduite de ces voitures étant déterminés par des règlements particuliers.

Les voitures des entrepreneurs qui transportent les dépêches ne sont pas considérées comme malles-postes.

Fait à Tananarive, le 5 février 1901.

GALLIENI.

---

(1) Remplacé par les articles 9 et 10 du Code de la route.

Indication des formalités à remplir par les propriétaires de véhicules à moteur mécanique pour se conformer à l'arrêté du 25 octobre 1926 (Code de la route)

Le propriétaire d'un véhicule à moteur mécanique ne peut mettre un véhicule automobile en circulation sans l'avoir préalablement déclaré au chef-lieu de la circonscription administrative (1) de sa résidence (article 23 du Code de la route).

A cet effet, il adresse au chef cette circonscription une déclaration du modèle ci-dessous à laquelle est jointe une copie du procès-verbal de vérification prévu à l'article 21. Il doit donc, tout d'abord, être en possession d'un procès-verbal de vérification faite par le service des travaux publics de Madagascar ou de la copie de celui dressé en France par le service des mines.

Pour obtenir cette vérification, il en adresse la demande au chef de la circonscription administrative dans laquelle se trouve son véhicule, et présente le véhicule en cause, au fonctionnaire des travaux publics, chargé de la vérification. Ce dernier, après visite, lui délivrera le P. V. indiqué plus haut *si le véhicule satisfait aux conditions imposées par le « Code de la route »*.

Comme suite à sa déclaration et si le véhicule répond aux conditions imposées, le propriétaire d'un véhicule automobile recevra une carte grise qui tiendra lieu d'autorisation de circuler.

Toute cession de véhicule doit faire, de la part du vendeur, l'objet d'une déclaration au chef de la circonscription administrative où a eu lieu l'immatriculation. Cette déclaration, à laquelle est jointe la carte grise antérieurement délivrée, doit indiquer le nom de l'acquéreur. Il appartient au nouveau propriétaire de se faire délivrer, au chef-lieu de la circonscription administrative de sa résidence et sur production des pièces énumérées au 2e alinéa de l'article 23 du Code de la route, une carte grise à son nom.

MODÈLE DE DÉCLARATION

Je soussigné
Domicilié à
déclare être propriétaire du véhicule à moteur mécanique défini comme suit :
Nom du constructeur du chassis :
Indication du type :
Numéro d'ordre dans la serie ou
Numéro de fabrication du chassis

Moteur
- Nombre de cylindres :
- Numéro du moteur :
- Course :
- Alésage :
- Puissance en C. V. :

Carrosserie
- Forme :
- Couleur :
- Nombre total de places :

Vitesse maximum que peut atteindre le véhicule en paliers :
Ci-joint copie du procès-verbal de vérification prévu par l'article 21 du Code de la route.

A , le 19
(Signature)

PERMIS DE CONDUIRE

Tout conducteur d'un véhicule à moteur mécanique doit être pourvu d'un permis de conduire (article 24 du Code de la route).

L'arrêté du 25 octobre 1926, portant règlement sur le permis de conduire les véhicules automobiles, indique explicitement les diverses formalité à remplir et les pièces à fournir à l'appui de la demande, ainsi que les conditions d'examen.

www.ingramcontent.com/pod-product-compliance
Ingram Content Group UK Ltd.
Pitfield, Milton Keynes, MK11 3LW, UK
UKHW020450220726
13923UKWH00005B/2456